Martynka

Najlepsze przygody

8 fascynujących opowiadań

tekst oryginalny
Gilbert Delahaye

tekst polski
Wanda Chotomska

ilustracje
Marcel Marlier

Papilon

i przygody od środy

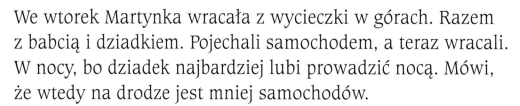

We wtorek Martynka wracała z wycieczki w górach. Razem z babcią i dziadkiem. Pojechali samochodem, a teraz wracali. W nocy, bo dziadek najbardziej lubi prowadzić nocą. Mówi, że wtedy na drodze jest mniej samochodów.

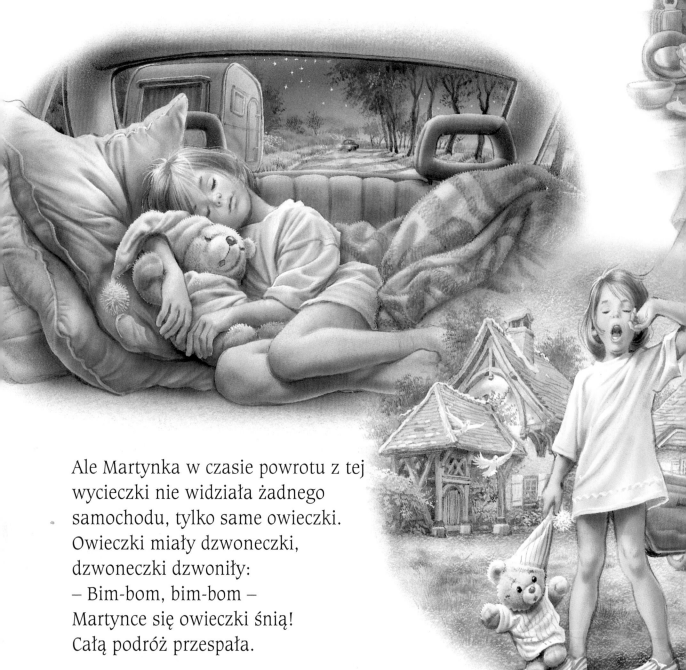

Ale Martynka w czasie powrotu z tej wycieczki nie widziała żadnego samochodu, tylko same owieczki. Owieczki miały dzwoneczki, dzwoneczki dzwoniły:
– Bim-bom, bim-bom –
Martynce się owieczki śnią!
Całą podróż przespała.

Kiedy się obudziła, była środa.
Dziadek wyładował bagaże, babcia
właśnie szykowała śniadanie.
– Martynko! – zawołała. – Hej, hej,
Martynko! Obudź się i przynieś mi z ogrodu
trochę sałaty. I nie zapomnij o kwiatach!
– Kwiaty? – przypomniała sobie Martynka. –
Ojej! Dzisiaj są przecież urodziny dziadka!
Już dawno ustaliły z babcią, że przygotują
eleganckie śniadanie, a ona powie dziadkowi
wierszyk na powitanie:
– Przyjmij, dziadku, bukiet kwiatków
i całusów sto w dodatku!

A tu tymczasem…
– Babciu! Ojejku,
babciu! Cały ogród
zrujnowany!

3

– Kwiaty podeptane, sałata powyrywana,
kapuściane głowy poszarpane. Huragan
przez ogród przeleciał, czy co? Nie.
Huragan przewróciłby też stracha na wróble.
A strach stoi. Więc to nie huragan, tylko…
No właśnie, co? – myśli Martynka. –
Zaraz, zaraz… Na ziemi widać ślady łap.
Koty? Psy? Może złodzieje? Wdarli się
do ogrodu, bo czegoś szukali…
Ale zrobili dziadkowi prezent na urodziny!
A miało być tak pięknie!

4

Więc zaczęło się w środę. Na szczęście nie było tak źle, jak się Martynce zdawało. Trochę roślin zostało, były kwiaty, życzenia i wiwaty. I wierszyk o stu całusach. Co prawda, dziadek już po trzech poprosił, żeby Martynka rozłożyła mu te całusy na raty, bo sto to stanowczo za dużo na jeden raz, ale i tak było pysznie. I jedzenie było bardzo pyszne. A po śniadaniu, które przeciągnęło się prawie do obiadu, dziadek postanowił się zdrzemnąć, a Martynka poszła z książką na hamak. I chyba też zasnęła, bo nagle zobaczyła króliki. Dwa, trzy… siedem… jedenaście… Tyle, że nie mogła nadążyć z liczeniem. Całe stada królików! Ale tym razem to nie był sen.

5

Raz-dwa obudziła dziadka. Ściemniało się, więc dziadek zapalił lampę.
– Myślę – powiedział – że zaraz wszystko się wyjaśni.

Ale nie od razu się wyjaśniło, bo króliki znikęły. Pewnie światło je spłoszyło.
– Może ci się śniło, że były? – przyjrzał się Martynce dziadek. I w tej samej chwili zauważył, że drzewka, które jesienią posadził w sadzie, też są ponadgryzane…
– Co teraz będzie? – myśli Martynka. – Co się stanie z królikami?

W czwartek dziadek powiedział:
– Pamiętasz te zwierzątka, które pokazywał ci syn naszego sąsiada, Mikołaj? Takie białe z czerwonymi oczami?
– Fretki! – przypomniała sobie Martynka.

– No właśnie. Dzikie króliki okropnie boją się fretek. Wystarczy wpuścić jedną na ich teren, a wszystkie uciekną, gdzie pieprz rośnie. To stary sposób, którego nauczył mnie mój dziadek, a twój prapradziadek.
– I jego praprafretka naprawdę wygoniła z nor wszystkie prapraróliki? – zdziwiła się Martynka.
– Prapra... prawdopodobnie – uśmiechnął się dziadek. – A my spróbujemy zrobić tak samo.

Poszli do sąsiadów. Mikołaj powiedział, że niektóre fretki są oswojone, tylko trzeba je trzymać z daleka od kurnika, bo przepadają za jajkami. Są bardzo sprytne i szybkie, a najsprytniejszy jest Mig. Mig to ulubieniec Mikołaja.

– Naprawdę tak się nazywa? – pyta Martynka.
– Naprawdę. Nawet nie spostrzegłaś, a Mig już w mig myknął w nogawkę twoich spodni.

Akcja „wyprowadzka królików" zaczęła się w piątek. Oprócz Martynki, dziadka i Mikołaja brało w niej udział jeszcze parę osób. Ale oni byli najważniejsi. I wielokrotnie wspominali potem, że było tak:
– Mikołaj wpuścił Miga do wylotu króliczej nory. Dziadek i Martynka pilnowali innych wejść i zastawili sieć, w którą wpadały uciekające króliki.

Oczywiście Martynka wiedziała, że królikom nic się nie stanie, ale żal jej było, że muszą opuścić dotychczasowe mieszkanie. Zapewniała je o tym przez cały czas i prosiła, żeby się nie bały. I pewnie tylko dlatego nie przekonała żadnego królika, że króliki nie rozumiały jej języka.

Okazało się, że królików było więcej, niż myśleli.
Cztery pełne klatki. Nie było mowy, żeby
wszystkie naraz zmieściły się w bagażniku
dziadkowego samochodu.
– Pojedziecie do wielkiego lasu –
zapewniała je Martynka.
A ponieważ doszła do wniosku,
że króliki nie rozumieją jej
języka, próbowała wyjaśnić
im na migi, że tak wielkiego
lasu nie widział jeszcze
żaden królik na świecie.

Po wywiezieniu królików wszyscy
odetchnęli z ulgą. Dziadek –
szczęśliwy, że nie ma już dzikich
lokatorów – zapewniał swoje drzewka:
– Nareszcie będziecie mogły
spokojnie rosnąć!

Martynka cieszyła się, że dziadek się cieszy,
a króliki mają w lesie o wiele lepiej niż w sadzie.
A Mig cieszył się, że wszyscy go chwalą.
Bo chwalili.
I podkarmiali tym,
co najbardziej lubił.
Surowymi jajkami.

Dalszy ciąg przygody rozpoczętej w środę nastąpił w piątek.
Mig okazał się wielkim amatorem wszelkich nor i dziur. Zaciągnął
Martynkę do piwnicy dziadka. Była wielka jak jaskinia, pełna
olbrzymich beczek po winie i starych sprzętów.
– Stuk-puk – zapukała Martynka w beczkę. – Jest tam kto?
Mig wskoczył do środka i nagle...
– Jejku! – krzyknęła
Martynka. – Myszy!
Mig je z beczki wypłoszył.
I bardzo się dziwił, że taka
duża dziewczynka
boi się małych myszek...

W piwnicy stoi stary żelazny piec. Może tam też są myszy? Może lepiej nie przekonywać Miga, że Martynka wcale się ich nie boi?

Ojej! Gdzie jest Mig?
– Mig! – woła Martynka. – Odezwij się!
Nie baw się ze mną w chowanego!
Nikt nie odpowiada. Gdzie jest ten Mig?
Wszedł do pieca i zniknął…

– Puk, puk – zastukała Martynka w piec.
– Puff!
A to heca! Czarna chmura sadzy
wyleciała z pieca. Prosto na Martynkę.
A może Mig przedostał się kominem
przez rury do góry?

Martynka wbiegła po schodach na pierwsze
piętro. Tam jest kominek. A z kominka czarne
ślady prowadzą wprost do łóżka! Ciekawe,
jak się będzie babci podobał ten deseń
na pościeli?

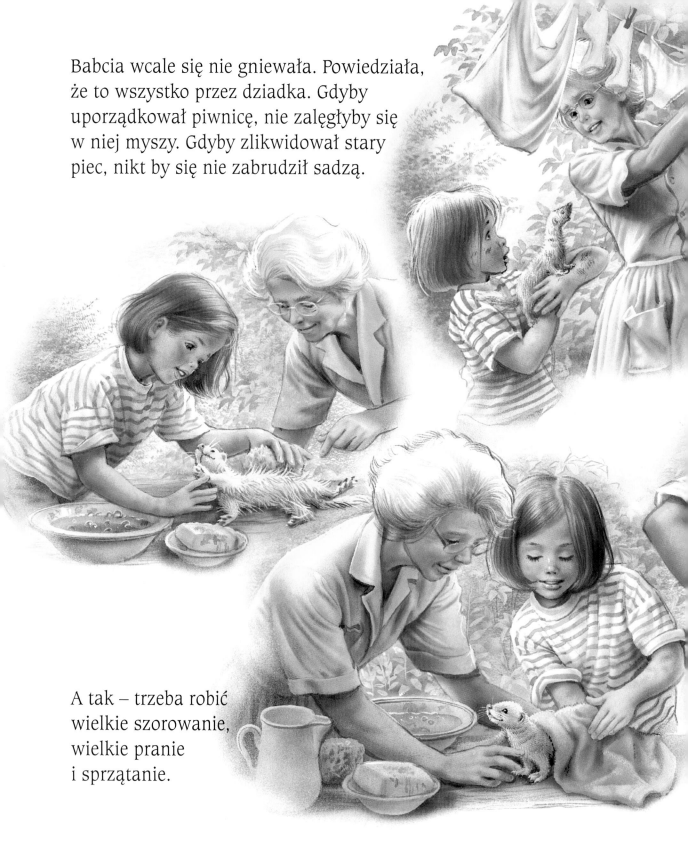

Babcia wcale się nie gniewała. Powiedziała,
że to wszystko przez dziadka. Gdyby
uporządkował piwnicę, nie zalęgłyby się
w niej myszy. Gdyby zlikwidował stary
piec, nikt by się nie zabrudził sadzą.

A tak – trzeba robić
wielkie szorowanie,
wielkie pranie
i sprzątanie.

– Najpierw wykąpiemy Miga. Mig, do kąpieli! – woła Martynka.
Ale Miga nie trzeba kąpać. Wystarczy delikatnie przetrzeć mu futerko
wilgotną gąbką i osuszyć.
– A mnie – mówi Martynka – wystarczy umyć buzię i ręce.
– O nie! – protestuje babcia. – Ta przygoda
nie ujdzie ci na sucho! Nie zmykaj,
tylko – hop! – do cebrzyka!

– Dzyń… dzyń!
– A to kto?
Mikołaj przyjechał na rowerze.
– Mig, ty też nie zmykaj! Twój
pan przyjechał! – woła Martynka
i wyskakuje z cebrzyka.

17

– Berek, berek, dzieńdoberek! Wsiadłem sobie
na rowerek i mówię wszystkim cześć! – woła
Mikołaj. Pozdrawia babcię, wita się z Migiem.
A Mig przewraca się na grzbiet i macha łapami,
jakby bił brawo i wołał:
– Dobrze, że przyjechałeś, tylko szkoda, że ci
nie mogę opowiedzieć o wszystkich przygodach.
– A gdzie Martynka?
No właśnie – o przygodach to ona sama chyba
najlepiej Mikołajowi opowie.
– Gdzie Martynka? – zastanawia się babcia. –
Przed chwilą siedziała w cebrzyku…

Mikołaj patrzy, a koło cebrzyka stoi strach na wróble w dziurawym kapeluszu i podartej koszuli. Osa bzyka mu koło nosa, a on ani drgnie!

– Podobny do Martynki – myśli Mikołaj. – Gdyby nie ta osa, byłbym pewny, że to…

– A sio! – woła nagle strach. – Uciekajcie obydwoje, bo muszę się teraz wykąpać. Byłam brudna, aż strach! I tak w cebrzyku wody skończyły się przygody, które zaczęły się od środy. Ale nie martwcie się. Dzisiaj jest piątek. A piątek to dobry początek. Następnych przygód oczywiście.

i czarownica

Nikola jest koleżanką Martynki.
Obok domu Nikoli mieszka czarownica.
Nikola mówi o niej szeptem.
Ale tak, że ciarki chodzą po plecach.
– Nazywa się Horrorata Horrorek.
W nocy lata na miotle.
Gotuje żaby w kotle.
Ma strasznie długie pazury
i dwa ponure kocury.
I w dodatku, jak na ciebie rzuci urok,
to ci na nosie wyrośnie pióro,
a na rękach kurzajki!
– Jejku! – zlękła się Martynka.
– No! Mojej mamie, jak się pokłóciła
z tą czarownicą, to od razu wyrosły! –
przytaknęła Nikola. – A najgorsze jest to,
że porwała naszego Wąsatka…

Wąsatek to kot Nikoli,
a właściwie jeszcze kociątko.
Małe, łaciate i bezbronne.
– Myślisz, że porwała Wąsatka? –
przestraszyła się Martynka.
– A kto jak nie ona? A ty,
jeśli jesteś moją przyjaciółką,
musisz mi pomóc! Przyrzeknij,
że jak czarownicy nie będzie
w domu, pójdziesz tam ze mną,
przeleziemy przez murek
i pomożesz mi odzyskać Wąsatka.
Obiecujesz?
– O…o…obiecuję… – przyrzeka
Martynka.
I coraz bardziej się boi.

23

Poszły. Pufek też się do nich przyłączył.
Przeszły przez murek. Na czworakach
przeczołgały się pod krzakami.
Cicho, jak najciszej, żeby żaden liść
nie zaszeleścił i nie trzasnęła żadna
złamana gałązka. I naprawdę nic nie było
słychać. Poza biciem serc, oczywiście.
Bo serca waliły im jak młotki.

– Tu jest brama...
– Na szczęście otwarta.
– Uff! Żeby tylko Pufek nie zaszczekał!

Drzewo...
Dom już widać.
Taras... Schody...
To tu...

Więc obie raz-dwa, pędem,
bez tchu wbiegły na taras.
A Pufek oczywiście z nimi.
Przez okno niewiele widać,
ale boczne drzwi nie są
chyba domknięte...

– Tędy!
– Ciii… Żeby tylko drzwi
nie zaskrzypiały…
Udało się! Weszły!
A Pufek został za drzwiami.
Ale może to i lepiej.
W środku są przecież koty…

Kotów na razie nie widać.
Ale jest papuga.
Dobrze, że się nie odzywa.
– Jejku! Ona jest wypchana!

Teraz korytarz.
Jakieś dziwne parasole.
Jeden z sową, drugi
z głową łabędzia.

– Może ta czarownica lata
nie tylko na miotle?
– Myślisz, że na parasolach
też fruwa?

Łazienka. Wanna. A w wannie…
– Kro… Krokodyl!
Wystawił łapę z wody!
– Nie krokodyl, tylko wanna
na nóżkach.
– A tu?
– Gdzie?
– No tu, za zasłonką.
– Jejku! Tam jest czarownica!
– Nie! To tylko jej kapcie…

Czarownicy chyba naprawdę nie ma w domu.
W pokoju są tylko jej dwa koty. Czarne, ale wcale nie takie
strasznie ponure, jak mówiła Nikola. Tylko takie leniwe,
że wcale im się nie chce wstać.

– Patrz! Tu jest jeszcze drugi
pokój.
Lustro… Perfumy… Szminki…
Sukienka na wiklinowym
manekinie…
Czy tak wygląda garderoba
czarownicy?

Teraz kuchnia. A w kuchni miotła. Czy to ta, na której lata czarownica? A kociołek?

– Mówiłaś, że ona lata na miotle i gotuje żaby w kotle…
– Jedną już ugotowała! Nie widzisz, że w środku jest zielone?
– Wygląda jak gęsta zupa. Szpinakowa czy co? Może z pokrzyw?
– A ja ci mówię, że to z żaby taki wywar. Jak człowiek spróbuje, to się może zamienić w żabę albo w pająka. Albo cały zzielenieje i wyłysieje.

O rety! A to co? Czarownica wróciła!
Horrorata Horrorek!
Tak się zagadały, że nie słyszały,
jak weszła.
Ze strachu włosy się dziewczynkom
zjeżyły, buzie otworzyły, oczy
zrobiły się okrągłe jak spodki.
A Horrorata Horrorek stoi nad nimi
i krzyczy:

– Myszkujecie
po cudzym domu?
Chcecie, żebym
was zamieniła
w myszki?

Ale horror! Horrorata
złapała Martynkę za ramię,
a wtedy Nikola wyskoczyła
przez okno...

– Dobrze, że mieszkam na parterze – mruczy czarownica. – Mam nadzieję, że tamtej małej nic się nie stało. A w ogóle co to za maniery? Przychodzicie do cudzego domu, myszkujecie po kątach, jedna ucieka przez okno...

– O...o...na – szczęka zębami Martynka – ona się nazywa Nikola, proszę pani czarownicy, i jej zginął kot, i ona...

– Powiedziała ci, że jestem czarownicą? Kota można z wami dostać! – złości się Horrorata Horrorek.

I trzymając Martynkę za ramię, pakuje jej do buzi łyżkę pełną zielonej cieczy.

– Próbuj!

– Oooo...

– Okropne?

– Nnie... Nawet niezłe... Słodkie... Smakuje jak dżem...

– Bo to jest dżem. Renklodowo-
-brzoskwiniowy – uśmiecha się
do Martynki Horrorata Horrorek. – A ja
nie jestem czarownicą, tylko aktorką.
– I nie nazywa się pani Horrorata
Horrorek?
– Tylko na scenie. Naprawdę mam na imię
Honorata. Gram w teatrze dla dzieci i występuję
w roli czarownicy w przedstawieniu pod tytułem
„Horrorata Horrorek zaprasza na podwieczorek".
Jak się zaprzyjaźnimy, to ciebie i Nikolę też
na ten podwieczorek zaproszę.

– Na razie zapraszam cię na dżem. Jeden słoik będzie dla ciebie,
drugi dla Nikoli. W teatrze poczęstuję was różnymi sztuczkami
i czarami-marami. Z odrobiną horroru i dużą porcją humoru.
A teraz, oprócz dżemu, weź jeszcze ode mnie piosenkę – mówi
pani Honorata.
Piosenka była taka:
– Kiedy przyjdziesz, kiedy wejdziesz pod jej dach,
czarownica w piękny uśmiech zmieni strach,
czarownica wyczaruje to, co chcesz,
nawet kota, nawet kota, kota też!

I wyobraźcie sobie, że Wąsatek się znalazł! Nie wiadomo, gdzie był, nie wiadomo, co robił, ale się znalazł. Pufek go przyprowadził. I doprowadził do dziewczynek z taką miną, jakby chciał powiedzieć:

– Czary czarami, ale co byście zrobiły beze mnie?

spadła z roweru

To stało się na początku stycznia. Śniegu wprawdzie nie było,
ale droga śliska i kałuże pozamarzane. Martynka jechała
na rowerze. Pufek biegł za nią.
– Prędzej! Prędzej! – ponaglała pieska. I nagle kierownica
wymknęła się jej z rąk, przednie koło skręciło gwałtownie
i – buch! – Martynka razem z rowerem gruchnęła
na ziemię. – Ratunkuuu!!!

– Noga! Moja noga!
Boli! Ojej, jak boli!
Nie mogę się podnieść!
Chyba jeszcze nigdy
w życiu tak się nie
przestraszyła. Trzęsła się
z zimna i bólu,
nie wiedziała, co robić,
droga była pusta, znikąd
ratunku…

W dodatku zaczęło się ściemniać. I Pufek uciekł. Dopóki przy niej
był, biegał dookoła, przytulał się, lizał ją po rękach i buzi.
A teraz została zupełnie sama.
– Pufek! Pufeeek! Gdzie jesteś?

A Pufek był już daleko. Zdyszany, zziajany wpadł na podwórze znajomego gospodarza. Złapał go zębami za nogawkę spodni i zaczął z całej siły ciągnąć.
– Stało się coś – zrozumiał pan Leon. – Coś złego się stało!
I biegnąc za Pufkiem, trafił do Martynki. Przez telefon komórkowy natychmiast wezwał pogotowie. I zawiadomił rodziców dziewczynki.

Martynka bardzo szybko znalazła się w szpitalu. A tam –
na prześwietlenie. Noga spuchła, leży bezwładnie.
– Złamana? – pyta Martynka.
– Zobaczymy na zdjęciu – uśmiecha się pan doktor. –
A ponieważ nóżka jest bardzo zgrabna,
będzie to na pewno piękne
zdjęcie. Zaraz pokażemy
je mamie i tacie.

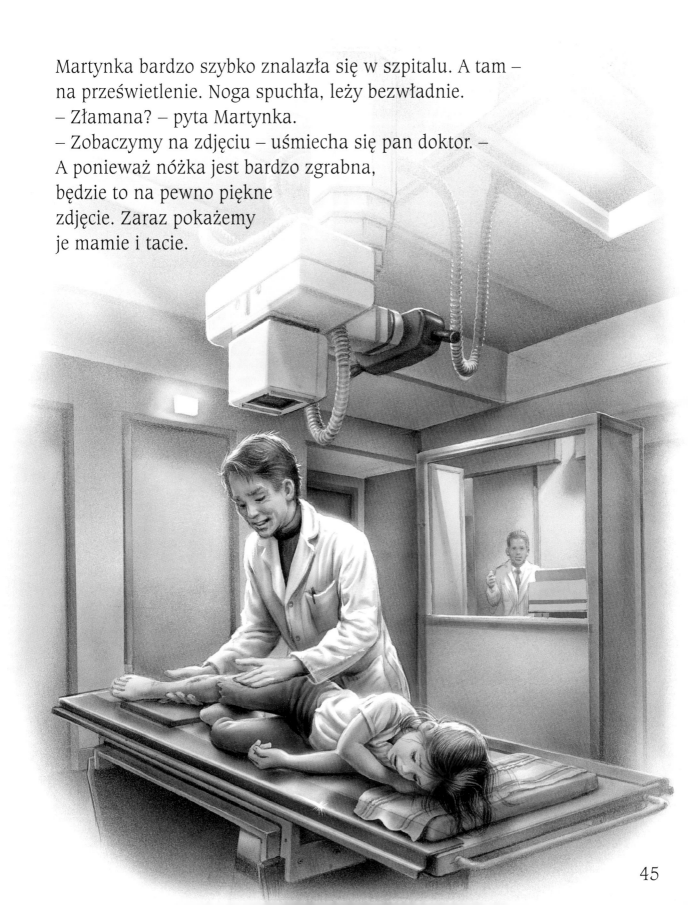

Rodzice już są. Oglądają klisze.
– Złamanie jest tak skomplikowane – powiedział chirurg – że trzeba zrobić operację. A na to rodzice muszą wyrazić zgodę.

– Zgadzamy się!

Ale przedtem pani doktor dokładnie bada Martynkę. Patrzy, czy nie ma innych urazów, ran.
– Boli cię? Powiedz. Nie? A tutaj? Zobaczymy, jak tam brzuszek, uszy…

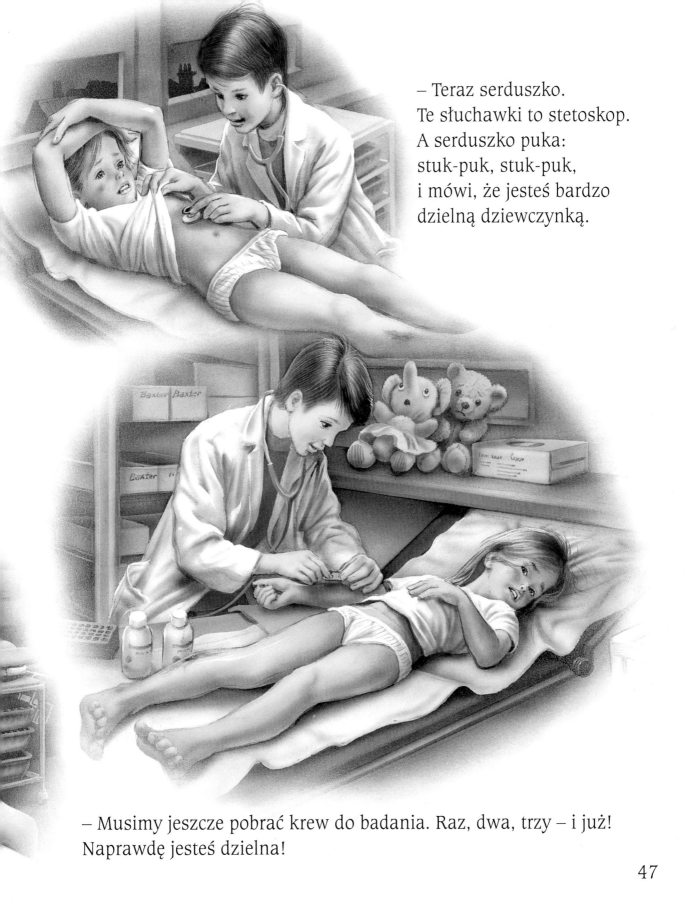

– Teraz serduszko.
Te słuchawki to stetoskop.
A serduszko puka:
stuk-puk, stuk-puk,
i mówi, że jesteś bardzo
dzielną dziewczynką.

– Musimy jeszcze pobrać krew do badania. Raz, dwa, trzy – i już!
Naprawdę jesteś dzielna!

47

Pielęgniarka – przedstawiła się: ma na imię
Hania – wiezie małą pacjentkę na operację.
– Czy to będzie bolało? – pyta Martynka.
– Nic a nic! Przez cały czas będziesz spała,
a pan doktor tak pięknie poskłada ci kosteczki,
że po złamaniu nie będzie śladu.

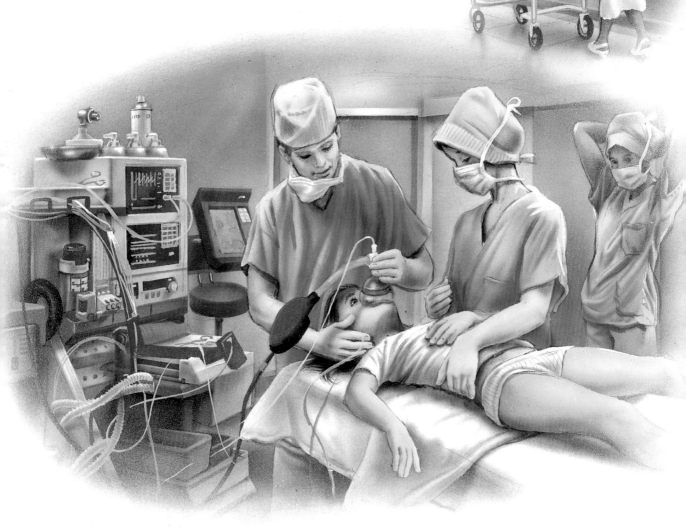

– Dzień dobry! – uśmiecha się pan doktor. – Jestem anestezjologiem,
specjalistą od zamawiania snów. Zaraz zamówię ci sen o karuzeli.
– Karuzela… – powtarza Martynka – karuzelaaa…

Podczas operacji
Martynka spała.

Kiedy się obudziła,
tak jej się kręciło
w głowie, jakby
naprawdę zsiadała
z karuzeli.
A przed karuzelą
czekała mama.

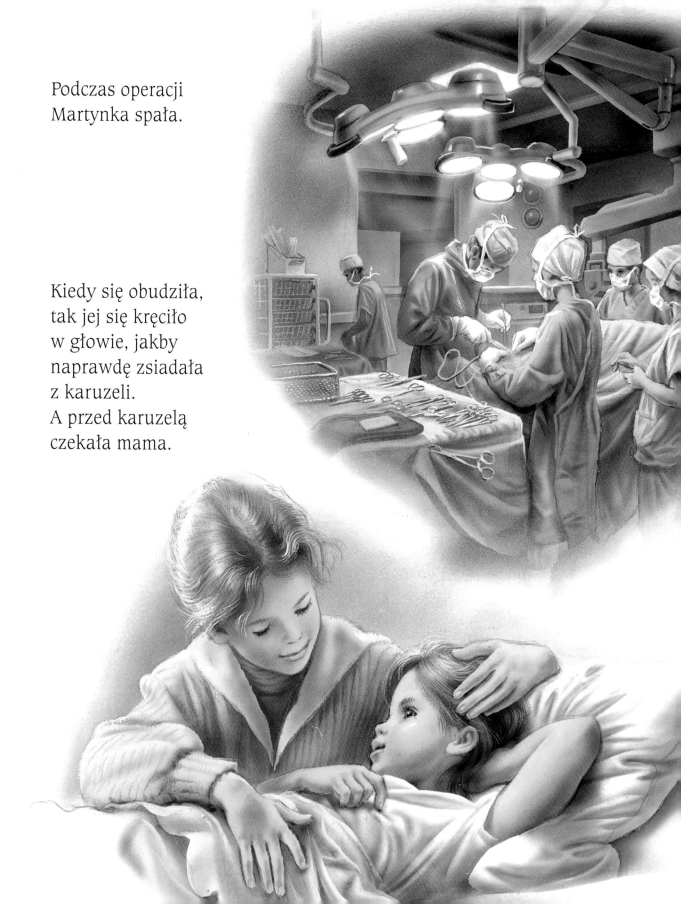

Mama przychodziła codziennie. A trzeciego dnia po operacji
w odwiedzinki do Martynki przyszła dalsza część rodzinki – tata
i Jaś. A także jej przyjaciółka Nikola i wnuk pana Leona – Franek.
Obejrzeli gips, zapytali dziewczynkę, jak się czuje, a potem
nie mówili już o niczym innym, tylko o Pufku.

– Ale masz psa!

– W gazecie o nim napisali. Że cię uratował.

– Więcej napisali o Pufku niż o panu Leonie.

– W telewizji wystąpi.

– Pan Leon?

– Nie, Pufek. Chcą go wziąć do programu.

– Masz psa? – zainteresowała się Weronika.
Weronika to sąsiadka Martynki. Leży na
łóżku obok. I zaraz się pochwaliła:
– A ja mam siostrę, dwóch braci
i kota, i nie mam robaczka.

– Jakiego robaczka?
– No, tego, co mi wycięli.
Robaczka wyrostkowego.
Czy jakoś tak. A może to
była ślepa kiszka…?

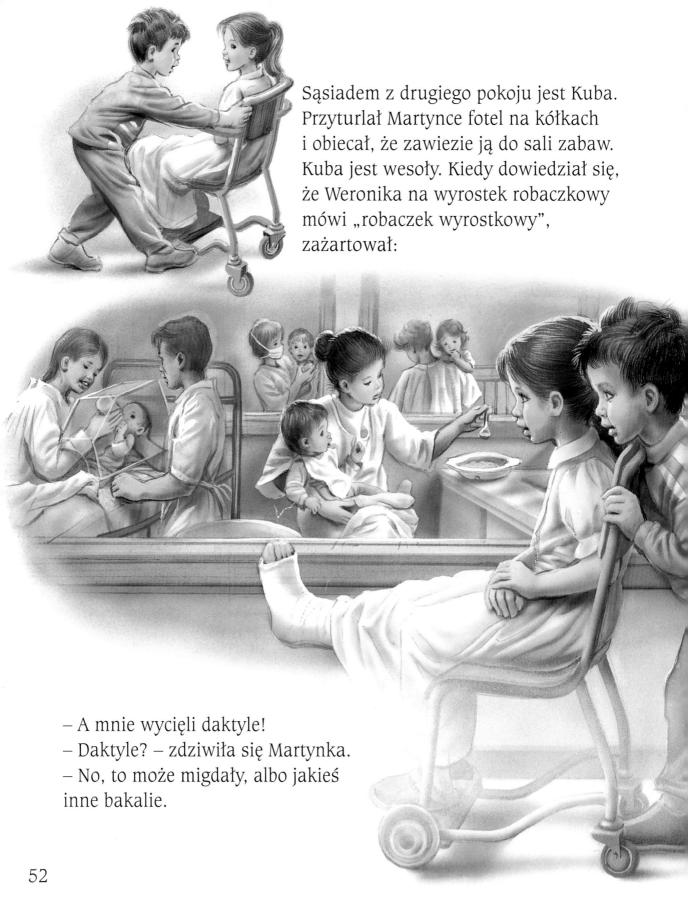

Sąsiadem z drugiego pokoju jest Kuba.
Przyturlał Martynce fotel na kółkach
i obiecał, że zawiezie ją do sali zabaw.
Kuba jest wesoły. Kiedy dowiedział się,
że Weronika na wyrostek robaczkowy
mówi „robaczek wyrostkowy",
zażartował:

– A mnie wycięli daktyle!
– Daktyle? – zdziwiła się Martynka.
– No, to może migdały, albo jakieś
inne bakalie.

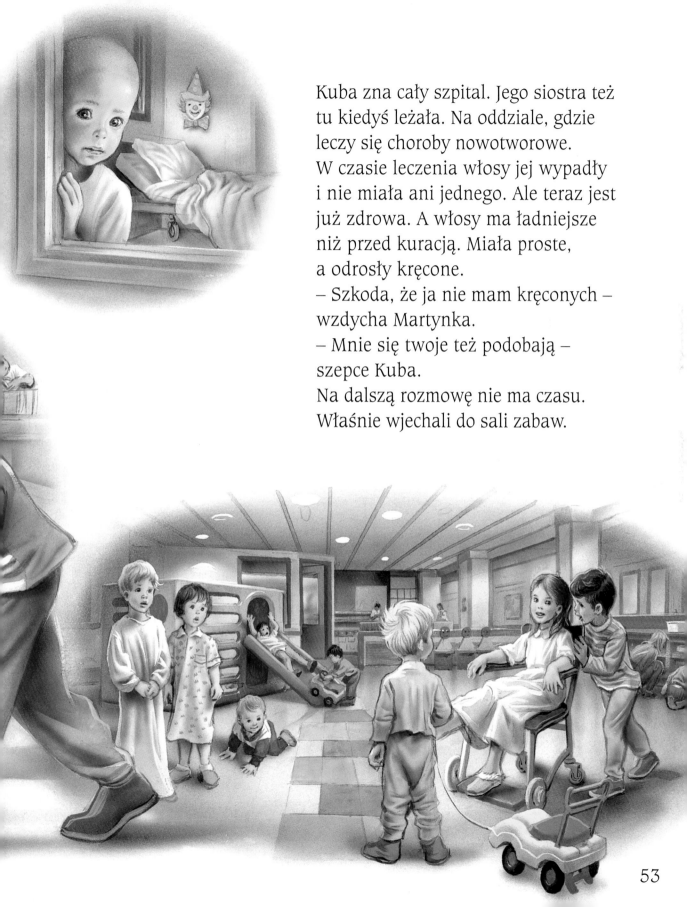

Kuba zna cały szpital. Jego siostra też tu kiedyś leżała. Na oddziale, gdzie leczy się choroby nowotworowe. W czasie leczenia włosy jej wypadły i nie miała ani jednego. Ale teraz jest już zdrowa. A włosy ma ładniejsze niż przed kuracją. Miała proste, a odrosły kręcone.

– Szkoda, że ja nie mam kręconych – wzdycha Martynka.

– Mnie się twoje też podobają – szepce Kuba.

Na dalszą rozmowę nie ma czasu. Właśnie wjechali do sali zabaw.

Sala zabaw to najlepsza sala w całym
szpitalu. Wszystkie dzieci tak uważają.
Tyle się tu dzieje! Można malować
i rysować, można robić wycinanki.
– Martynko, pomożesz? – wołają. –
Robimy maski na bal! Na wielki
maskowy bal karnawałowy!
A co, myślisz, że w szpitalu
nie można urządzić balu?

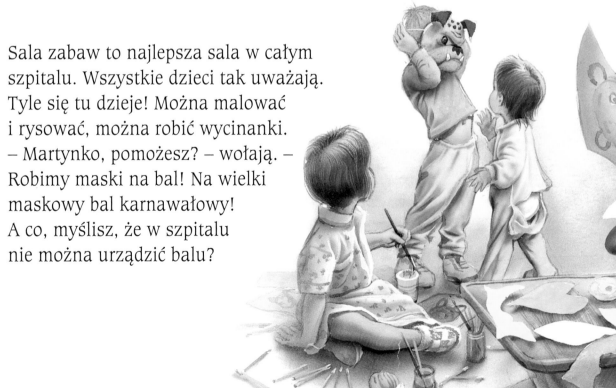

I naprawdę urządzili bal. Wielki, kolorowy
bal karnawałowy.
Wszystkie dzieciaki się poprzebierały.
Jedne włożyły maski, inne wymalowały
sobie buzie. Martynkę umalował Kuba.
Powiedział, że do twarzy jej w niebieskim
i pomalował jej powieki na niebiesko,
a na policzkach zrobił piękne eski-floreski
czerwoną kreską.
I do tego jeszcze na gipsowym opatrunku
narysował różne ptaki i zwierzaki.

A następnego dnia po balu
w szpitalu był jeszcze cyrk.

Przyszedł klaun w cylindrze na głowie,
zawołał:

– Panie, panowie, śmiech to zdrowie! Nazywam się
doktor Chichihaha, a ta pani z serduszkiem to moja asystentka,
panna Haha…

– Hanna! – zawołała Martynka, bo w asystentce
rozpoznała panią Hanię, pielęgniarkę.
Po butach ją poznała.

– Ona się nazywa panna Hahachichi –
upierał się klaun. – A ja jestem doktor
Chichi…

– Chilulg! – zawołał mały Grześ, który
nie wymawiał litery „r”.

Ale było śmiechu! Mama też się
śmiała, kiedy jej Martynka o tym
przez telefon opowiedziała.

Następnego dnia po balu Martynka obudziła się, zjadła
śniadanie i zdziwiona, że Kuba do niej nie zagląda, postanowiła
zajrzeć do niego.

Ale w pokoju Kuby były tylko dwie panie zajęte sprzątaniem.
– Kuba? – powiedziała jedna. – Wyjechał. Wypisali go ze szpitala.
– Tak, tak – potwierdziła druga. – Wyjechał.
Tata go zabrał i odjechali
samochodem.
– I nic nie powiedział?
– Powiedział. To bardzo
grzeczny chłopiec.
Powiedział: do widzenia
i dziękuję…

– A ze mną… – myśli Martynka. –
Ze mną się nawet nie pożegnał.
Myślałam, że mnie lubi. Taki był
miły. I co?

– Hej, Maltynka! – stuknął ją nagle
ktoś w łokieć. To mały Grześ.
Ten, który nie wymawia „r". –
Mam list dla ciebie.
Kuba go dał.
– List? Dla mnie? Napisał
do mnie list?

– Nie wiem, czy do ciebie,
ale powiedział, żeby ci go dać.
A co tam jest, to nie wiem,
bo nie otwielałem kopelty.
List był taki:

Cześć, Martyna!
Tata po mnie przyjechał. Nie chciałem Cię budzić.
Jedziemy w góry. Jak wrócę, dam znać.
Jakbyś chciała zadzwonić, to Ci podaję numer
komórki taty.
Zdrówka dla Pufka. Dla Ciebie też.

Kuba

tańczy

– Kocham taniec! –
mówi Iwonka.
Iwonka to kuzynka
Martynki. Chodzi
do szkoły baletowej.
A po ulicy i po domu
chodzi tak jakby tańczyła.
Aż przyjemnie popatrzeć,
jak lekko i zgrabnie się porusza.
– Tylko za mało je... – wzdycha babcia.
– Nic tłustego, nic słodkiego – przytakuje
Iwonka. – Jakbym jadła to, co mi babcia
podsuwa, byłabym gruba jak hipopotam.
A hipopotamy w balecie nie tańczą. Muszę
dużo ćwiczyć i mało jeść, żeby zostać
primabaleriną.
– Kim? – nie zrozumiała Martynka.
– Primabaleriną. Najpierwszą w całym
balecie. Żeby tańczyć na wielkich scenach
i jeździć po całym świecie.
– Też bym chciała – wzdycha Martynka.
– A wiesz, ile lat trzeba się uczyć? Dziewięć.
Idziesz do szkoły baletowej, jak masz dziewięć
lat i przez następne dziewięć nic, tylko się
uczysz i ćwiczysz. A w ogóle to nie wiadomo,
czyby cię przyjęli.

– Szyję masz, co prawda, długą i nogi też, ale nie wiem,
czy nie jesteś za wysoka. I ciągle jeszcze rośniesz!
Tancerka nie może być wysoka. No, a poza tym różne
testy musiałabyś zdać i przejść rozmaite badania.

– Testy? Badania? O czym ta Iwonka mówi? – zastanawia się
Martynka. I raz-dwa biegnie do lustra sprawdzić, czy ma naprawdę
długą szyję i nogi.
– I zobacz, czy nie masz płaskostopia! – woła Iwonka. –
Z płaskostopiem do baletu nie przyjmują.
– To dlaczego one mają?
– Co?

– No, płaskie stopy. Te dziewczynki
na obrazku – wskazuje
Martynka rysunek w książce,
którą przegląda Iwonka.
– Płaskostopie to co innego.
Mama ci wyjaśni co.
A na obrazkach są
różne pozycje ćwiczeń.

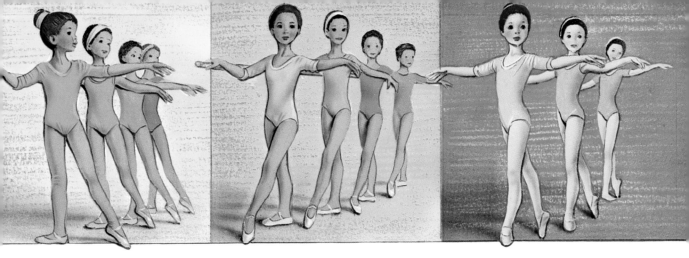

– Przy ćwiczeniach musisz uważać, żeby ruchy były zgodne
z muzyką i żeby robić to jednocześnie. Tak-do-taktu, tak-do-taktu! –
podśpiewuje Iwonka.

I pokazuje Martynce, jak te ćwiczenia trzeba robić. Nawet za rękę ją
wzięła i podtrzymuje, żeby nie upadła. Bo trudno stać na jednej nodze.

A teraz jeszcze trudniej! Żeby wykonać taką figurę, trzeba bardzo dużo ćwiczyć.

– „Ćwiczyć, ćwiczyć, tylko to się liczy", mówi nasza akompaniatorka – dodaje Iwonka.

Akompaniatorka to ta pani, która gra
na fortepianie i ma niełatwe zadanie,
bo dziewczynki, chociaż przez cały czas
patrzą w lustro i kontrolują swoje ruchy,
wciąż się mylą. I pani musi zaczynać
wszystko od początku.
A kot? Skąd się wziął tutaj ten kot?
Jak dwie krople wody podobny do Wąsatka.

– Kot należy do pani Ireny. To ta akompaniatorka. Mówiła, że dostała go od listonoszki.

– Jejku, przecież mój Wąsatek też jest od pani listonoszki! Może to ta sama? Może on jest bratem mojego kota?

– I może ta pani listonoszka nie powinna się nazywać listonoszka, tylko kotonoszka? – śmieje się Iwonka.

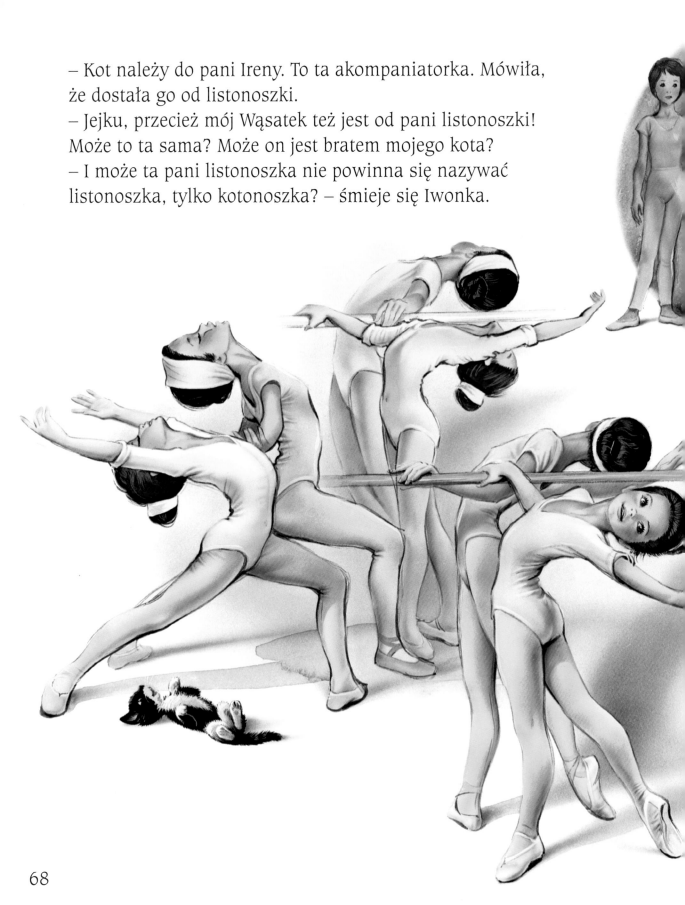

– A skoro o kocie mowa – przypomniała
sobie Iwonka – to nasze profesorki
mówią tak:
„Tancerka powinna być giętka jak kot,
zwinna jak wiewiórka,
mieć grację łabędzia
i być lżejsza od piórka".

– Dlaczego te dziewczynki ćwiczą przy drążku? – pyta Martynka.
– W ten sposób uczą się utrzymywać równowagę. Ale na scenie
tańczą już oczywiście bez drążka. Nie masz pojęcia, jak ja bym
chciała wystąpić na scenie. Zatańczyć na puentach…
– Na czym?
– Na palcach. W takich pantofelkach-baletkach, które mają ścięte
czubki. I w paczce – marzy Iwonka.
– Jak to: w paczce? Chcesz, żeby cię wsadzili do paczki?
– Paczka to taka specjalna spódniczka. Tak się właśnie nazywa.

– Przyjrzyj się, Martynko.
Tu na obrazku dziewczynki
ćwiczą w trykotach, takich
kostiumach do ćwiczeń.
A na scenie będą tańczyły
w kostiumach scenicznych.
Może w paczkach właśnie?
A może któraś z nich,
z tych, które tu teraz ćwiczą,
zostanie primabaleriną?
Może to będę ja? Ale przede
mną jeszcze bardzo dużo
pracy. Ćwiczenia, ćwiczenia,
ćwiczenia. U nas w szkole
mówi się, że bez ćwiczenia
nie spełnią się marzenia…

Wszystkie figury baletowe, których uczą się dziewczynki, mają francuskie nazwy. Iwonka w czasie rozmowy ciągle wtrąca jakieś francuskie słowa. Martynka nawet nie umie ich powtórzyć. Ale podobno pierwsze balety powstały we Francji i stąd te nazwy.

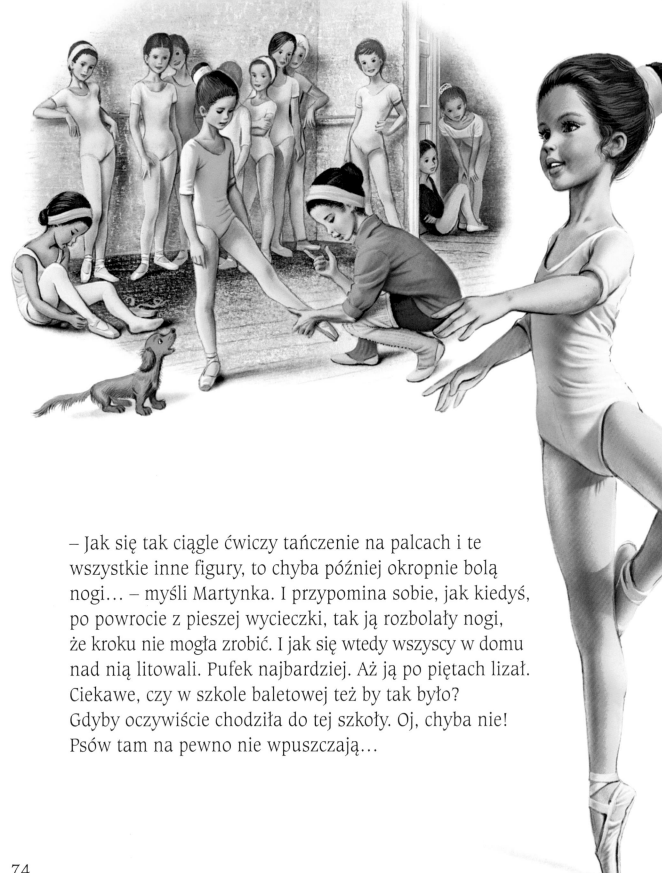

– Jak się tak ciągle ćwiczy tańczenie na palcach i te
wszystkie inne figury, to chyba później okropnie bolą
nogi… – myśli Martynka. I przypomina sobie, jak kiedyś,
po powrocie z pieszej wycieczki, tak ją rozbolały nogi,
że kroku nie mogła zrobić. I jak się wtedy wszyscy w domu
nad nią litowali. Pufek najbardziej. Aż ją po piętach lizał.
Ciekawe, czy w szkole baletowej też by tak było?
Gdyby oczywiście chodziła do tej szkoły. Oj, chyba nie!
Psów tam na pewno nie wpuszczają…

Iwonka pokazała Martynce, jak się kręci piruety. Pięć razy się zakręciła. Ale mówiła, że niektóre tancerki potrafią, stojąc na jednej nodze, obrócić się aż trzydzieści dwa razy!
– Jak korkociąg… – pomyślała Martynka. I aż się za głowę złapała. – I one się przy tym nie wkręcą w podłogę? Jejku!

Każda tancerka jak kot jest giętka…

…i zwinna jak wiewiórka. Każda ma tyle gracji, co łabędź…

i lżejsza jest od piórka!

Tego wieczoru Martynka długo nie mogła zasnąć.
Leżała w łóżku, a zdawało jej się, że jest w operze.
Szafa zmieniła się w teatralną garderobę, zaraz
do niej sięgnie, wyjmie kostium... A może przyniesie
go garderobiana? Jak Dobra Wróżka suknię dla
Kopciuszka... Bo w operze będzie dzisiaj Kopciuszek.
Na mieście wisiały plakaty: „Balet KOPCIUSZEK,
muzyka..." Zaraz, zaraz – jak się nazywał ten pan,
który napisał muzykę do „Kopciuszka"? Iwonka
mówiła... Prokofiew? Tak, chyba Prokofiew!

A Kopciuszkiem jest oczywiście Martynka.
Już ubrana, już za chwilę wbiegnie na scenę...
Scena jest tam, gdzie w pokoju okno.
Zasłona zamieniła się w kurtynę.
Tam, po drugiej stronie, jest widownia.
Publiczność siedzi w fotelach. Orkiestra gra.
Kurtyna rozchyla się... I nagle –
wszystkie światła reflektorów na scenę!
To niemożliwe, żeby to były światła samochodów
jadących ulicą! To naprawdę reflektory!
I wszystkie skierowane na nią!

– Był Kopciuszek… – opowiada Martynka. Tańcem
opowiada. Bez słów. I wszyscy rozumieją. – Była biedna,
smutna dziewczynka. Głodna i zaniedbana. Nikt jej
nie kochał. Nikt nie powiedział dobrego słowa. I nagle
jej los się odmienił. Dobra Wróżka przyniosła suknię
na bal. Dziewczynka tańczyła z księciem. O północy
zgubiła pantofelek…

Tak było. Tak właśnie było. A teraz to ona, Martynka,
jest Kopciuszkiem. To ona tańczy z księciem.
I słyszy, jak książę mówi:
– Jeszcze nikt nigdy nie śnił tak pięknie, żaden sen
nie był taki, jak ten.
Ale może naprawdę tak będzie, może spełni się kiedyś
ten sen?

w wesołym miasteczku

Wujek Ryś, który jest fotoreporterem i zrobił Martynce zdjęcie
na wózku zaprzężonym w kozę, mówił, że do ich miasta przyjedzie
wesołe miasteczko. Że są w nim karuzele, beczki śmiechu, króliki
w kapeluszach, małpiszony i balony, które wydmuchuje dęta
orkiestra...
Martynka myślała, że to wujek robi z niej balona, że tak tylko
żartuje, ale wesołe miasteczko przyjechało naprawdę.
Na razie je ustawiają, a na mieście pojawiły się plakaty:
„Wesołe miasteczko – atrakcji wiele – otwarcie w niedzielę".

Nareszcie! Jest niedziela i pierwsza z atrakcji wesołego
miasteczka – karuzela. Wujek Ryś przyprowadził Jasia
i Martynkę, pstryknął im zdjęcia i popędził robić następne.
A oni – jadą na konikach i z głośnika leci muzyka:
– Przyjechała karuzela do miasteczka,
karuzela zaprzężona w siedem koni,
a ten jeden, najpiękniejszy, tylko patrzył,
tylko czekał, żebym na nim wiatr pogonił.

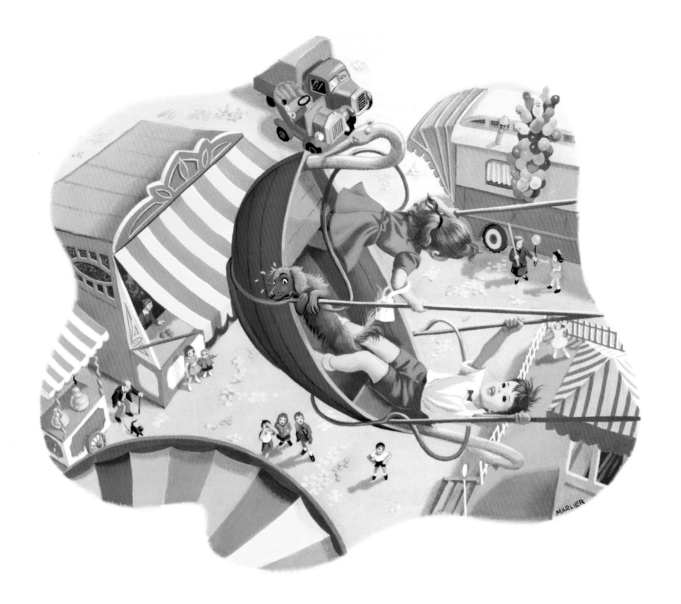

I huśtawki są... Nie, nie, nie bójcie się! Martynka, Jaś i Pufek – masz ci los, Pufek za nimi też przyleciał! – wcale się na tych huśtawkach nie huśtają.

Huśtawki są jeszcze nieczynne, bo nie zamocowano w nich pasów bezpieczeństwa. Ale Jaś, który lubi straszyć, już sobie na zapas wyobraża – co by było, gdyby... No, właśnie – co by było, gdyby się huśtali bez pasów?

– Ale byłoby strasznie! Pufek to by chyba ze strachu zwariował, ty byś wyła na cały głos: „yyy", a ja...

– A tyyy... – przedrzeźnia go Martynka – ...przejrzyj się w lustrze.
Zaprowadziła Jasia i Pufka do gabinetu krzywych luster i patrzy,
jak wyglądają.

– O rety, ale jesteś gruba! – śmieje się Jaś.

– Ty też! Wyglądamy jak te dzieciaki spaślaki, chipsami
i hot dogami karmione. A Pufek... Widzisz, jaką ma minę?

– Zeza dostał!

A teraz będą króliki w kapeluszach... Wujek Ryś mówił Martynce,
że w wesołym miasteczku magik wyciąga z kapelusza króliki.
A tutaj... Myszy! Słowo daję, myszy! Kiedy magik zdjął cylinder,
z kapelusza wyskoczyły myszki. I trzy białe myszki pana magika
tańczą teraz białego walczyka!
Ciekawe, co się wylęgnie z jajek, które magik położył na stole?
Może króliki, o których mówił wujek Ryś? W wesołym miasteczku
wszystko jest możliwe.

Uff! Po tych emocjach warto pójść na lody.
– Zimne lody dla ochłody, to jest myśl! – podśpiewuje Jaś.
Ale na razie stoją przed straganem z ciasteczkami. Migdałowe,
orzechowe, nugaty, babeczki...
– Dwie babeczki dla kawalera i panieneczki – śmieje się
sprzedawca.
Lody będą później. Są w wózku na kółkach. Dziewczynka w żółtej
sukience mówi, że poziomkowe najlepsze. A pan lodziarz
ma jeszcze pistacjowe, orzechowe, czekoladowe, bananowe...
Mnia, mnia, mniam! Pufkowi język o mało nie ucieknie.

A to co? Na półce stoją puszki. Dwóch klaunów zachęca
do rzucania piłkami.

– Kto puszki piłką postrąca, weźmie w nagrodę zająca!

– Kto trafi, wygra niedźwiedzia!

– Kto przegra – ucho od śledzia!

– Kto małpie strąci czapeczkę, dostanie pustą puszeczkę!

Może lepiej obejrzeć przedstawienie w kukiełkowym teatrze?

Martynka poszła do teatrzyku, a Jaś na strzelnicę.
– Żeby wygrać, trzeba trafić w środek tarczy – wyjaśnia szeryf.
I zachęca:
– Starsi kowboje wygrywają napoje! Damy dostają kwiaty!
A małolaty idą do chaty!
Tak właśnie powiedział, kiedy Jaś nie trafił w tarczę.
I zabrał mu strzelbę.
– Nie trafiłem, bo lufa nie była scentrowana... – tłumaczy się Jaś.

I za chwilę oboje z Martynką siedzą już w samochodzie.
Na tylne siedzenie władowała się jakaś nieletnia.
– Pasażerka z przedszkola... – mruczy Jaś. – Samochody
są elektryczne, więc jeżdżą po cichu, a ta mała warczy przez
cały czas, jakby silnik połknęła. Brrr... brrrr... grrrr... Uspokój się,
Pufek, to nie na ciebie. A swoją drogą, ciekawe, jaki samochód
ma jej tata? Chyba jakiegoś grata.

Czy Martynka i Jaś latali w wesołym miasteczku samolotami? Na pewno nie. Na takiej samolotowej karuzeli nie wolno latać dzieciom bez opieki dorosłych. Nie latali, ale sobie wyobrażali, że latają.

Stali z zadartymi nosami pod karuzelą i tym razem Jaś, wyobrażając sobie, że to on pilotuje skrzydlatą maszynę, warczał jak silnik awionetki. A Martynka uspokajała Pufka:

– Pufek, to nie na ciebie. Ciebie przecież w ogóle nie ma w tym samolocie. I nas zresztą też nie ma...

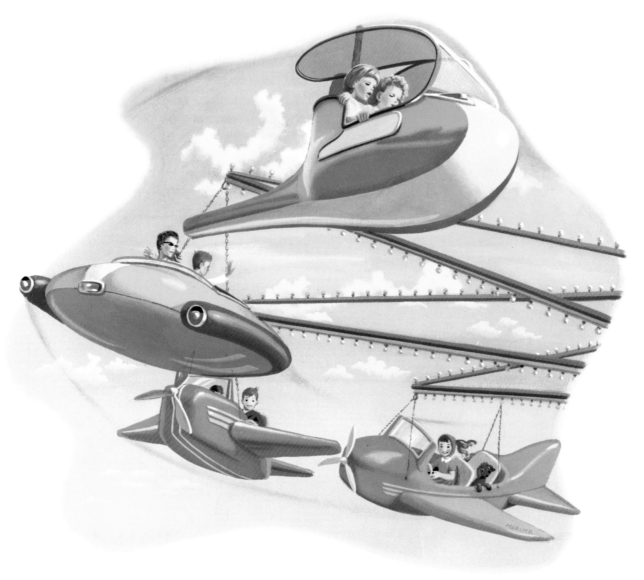

A może spróbować szczęścia na loterii? Hurra, udało się!
Martynka postawiła na siódemkę i wygrała lusterko.
Teraz ma ochotę na słonia. Może jeszcze raz zagrać?
Który numer obstawić? Może ósemkę?
– Frr! – zakręciło się zębate koło z numerami.
– Dziewiątka???
Nie, tylko jej się tak wydawało. Szóstka do góry nogami wygląda
jak dziewiątka, a dziewiątki w ogóle nie ma na tarczy.

W wesołym miasteczku jest takie nieduże zoo. Martynka nie lubi
widoku zwierząt w klatkach. Chciałaby, żeby wszystkie żyrafy żyły
na wolności w Afryce, a małpki swobodnie skakały po drzewach.
Jak pomóc tej małej małpce? Może dać jej banana? Trzeba poprosić
o zgodę pana pilnującego zwierząt.
Zgodził się. Ale kiedy Martynka podawała banana, małpka – hyc! –
jednym ruchem zerwała jej z głowy kapelusz. Teraz przegląda się
w lusterku. Ciekawe, kto jej dał? Bo na pewno nie jest to lusterko,
które wygrała Martynka.
– Ludzie, z czego się śmiejecie? Trzeba zabrać małpce lusterko!
Ona się może skaleczyć!

Dobrze, że przybiegł strażnik. Małpce zabrał lusterko, Martynce oddał kapelusz. Teraz – nowa atrakcja.

– Kto złapie balon, tego pochwalą! – nawołuje pan trzymający balon na lince. Na karuzeli kręcą się rozmaite pojazdy, a ich pasażerowie próbują złapać balon.

Martynka i Jaś jadą na skuterze. Pufek też wskoczył na skuter.

– Czyj to pies?! – krzyczy pan, zatrzymując karuzelę. – Jeśli ja trzymam balon na smyczy, to pies też powinien być na smyczy!

Uff! Ledwie uciekli.

Janek zajął się psem, Martynka stanęła na moment przy orkiestrze.

– Zaraz, zaraz... Wujek Ryś mówił, że orkiestra w wesołym miasteczku wydmuchuje balony... Ciekawe, z jakich instrumentów? Z tuby, z trąbki, z saksofonu? Jejku! To chyba prawda. Są balony!!!

– Proszę pani, czy te balony wydmuchała dęta orkiestra?
– Tak – uśmiecha się sprzedawczyni. – Wydmuchali balony,
bo w czasie grania żuli gumę do żucia. Balonową, oczywiście.
Jeden balonik kupił przed chwilą ten chłopiec z psem.
– Jasiek, czyś ty oszalał? Zamiast przypiąć Pufka do smyczy,
przywiązałeś mu balon do ogona?

Zjawił się wujek Ryś.

Dzięki niemu Martynka ma słonia. Niebieskiego, kraciastego słonia, o którym marzyła. Wujek zafundował jej bilet na loterię i wygrała.

Teraz pozuje wujkowi do zdjęcia. Ze słoniem oczywiście. A także z Jasiem, Pufkiem i dwoma balonami. Pomarańczowym, który Jaś przyczepił Pufkowi do ogona, i niebieskim, który pożyczyli Jasiowi mali Japończycy.

– Pstryk! – Ale będzie zdjęcie! Może nawet w gazecie się znajdzie, bo wujek Ryś robi reportaż do gazety.

A tymczasem wesołe miasteczko już prawie opustoszało. Zrobiło się
późno i pora wracać do domu. Jeszcze tylko trzeba poczekać
na wujka, który gdzieś tam za karuzelą pstryka ostatnie zdjęcia.
Reportaż będzie się nazywał „Niedziela w wesołym miasteczku".
I zdaje się, że Pufek chciałby w tym miasteczku zostać na znacznie
dłużej. Wcale nie chce wyjść. Siłą go trzeba wyciągać.

bawi się w teatr

Deszcz leje, wiatr zrywa z głów kapelusze i wywraca parasole
na drugą stronę. Ale pogoda! Tata Martynki powiedział:
– Dzisiaj pogoda jest pod psem. Nie ma mowy o spacerze.
I usiadł przy komputerze. A Martynka patrzy przez okno
i mówi do Jasia:
– Widzisz? Pod psem też nie ma pogody, tylko kałuże pełne wody...

– Co tu robić? W co się bawić, skoro nie można wyjść z domu? –
zastanawia się Martynka. – Może zaprosić dzieci sąsiadów?
Ulę i Zulę, Dawida, Patryka...
– I Eryka! – ucieszył się Jaś. – Lecę po chłopaków!
I poleciał. A Martynka poszła po Ulę i Zulę. Początkowo chłopcy
bawili się w kowbojów i rajdowców, a dziewczynki w mamusie.
Ale bardzo prędko znudziły im się te zabawy.

I wtedy zobaczyli kufer. Stary drewniany kufer – z jednej strony
granatowy, z drugiej zielony. A co jest w środku? Na razie nie
wiadomo, bo kufer zamknięty jest na cztery spusty i trudno
odgadnąć, czy jest pełny, czy pusty. Może są w nim skarby jak
w Sezamie?

– Czary-mary, czary-mary, otwórz się, Sezamie stary – przypomniała
sobie czarodziejskie zaklęcie Ula. – Pokaż, co tam masz na dnie...
A kufer ani drgnie. Może trzeba poszukać kluczy?

Nareszcie! Klucze znalezione. Sezam otwarty. A w środku...
– Suknie! Kapelusze! Wachlarze! O, jest i korona! – Cały kufer
wypełniony jest teatralnymi kostiumami i Martynka przypomina
sobie, że ten kufer zostawiła u nich na przechowanie ciocia Aldona.
A ciocia pracuje w teatrze. – Może i my zabawimy się w teatr?
– Hurra!

– Będzie teatr jak się patrzy, a co zagra nasz teatrzyk? – podśpiewują Martynka i Ula. Obydwie już się ubrały w teatralne kostiumy, a teraz zastanawiają się, co zagrać.

– W tej sukni… – mówi Ula – …wyglądasz jak królewna. Może wystawimy bajkę o Królewnie Śnieżce?

– Hm… – zastanawia się Martynka. – Chłopaków mamy za mało. U nas jest tylko czterech, a w tamtej bajce było przecież siedmiu krasnali. Może zagramy Śpiącą Królewnę?

I zagrali. Gdyby mieli grać krasnali, pewnie by się zbuntowali,
a na Śpiącą Królewnę zgodzili się od razu, kiedy Martynka
im wyjaśniła:

– Żadnych tekstów nie musicie się uczyć, bo tam się tylko śpi.
Wystąpicie jako dworzanie i waszą rolą będzie spanie.

Przedstawienie było śliczne. Dworzanie spali i chrapali:

– Chrrr… Chrrr… Chrrr…

Dama dworu spała i przez sen mamrotała:

– Śpiąca Królewna śpi i Książę jej się śni…

Królewski piesek Pufek spał i sapał:

– Uff! Puff! Uff! Puff!

A Śpiąca Królewna też oczywiście spała i przez sen się tylko
uśmiechała, bo wiedziała, że…

– Spoza chmur, spoza gór, spoza rzek, biały koń zaczął już wielki bieg.
Pa-ta-taj, pa-ta-taj, pa-ta-ta – jedzie ktoś, pędzi ktoś, naprzód gna.
Jeszcze skok, jeden skok, kroki dwa.
– Czy to ty, Królu mój?
– Tak, to ja!

Król, a właściwie Książę, był piękny jak z baśni i oczywiście, jak na Księcia przystało, bardzo dobrze wychowany. Zdjął kapelusz, ukłonił się.

– Puk, puk – zapukał do drzwi. – Puk, puk, puk, puk. – Ze sześć razy musiał pukać, zanim się całe towarzystwo obudziło. A jak się obudziło, to się zrobiło niesłychanie miło. I chociaż sto lat przespali, absolutnie na to nie wyglądali.

Książę ukoronował Królewnę – włożył jej na głowę koronę i pojął ją za żonę, wkładając jej na rączkę obrączkę.

Orszak ślubny nie był liczny, ale bardzo sympatyczny – w roli druhny wystąpił Pufek. Uroczystość nie trwała długo. Goście nie mówili wiele, bo spieszyli się na wesele.

I w tym momencie coś się, niestety, w teatrze pokręciło. Goście
liczyli na weselne przyjęcie, ale przyjęcie się nie odbyło...
Zaczęły się przygotowania do balu. Lampiony, festony, pompony
i bombony oplotły balową salę.
I wszystko wyglądało tak pięknie, jak na prawdziwym balu
w karnawale.

Damy przeglądały się w lustrach, sprawdzały, czy wyglądają
jak bóstwa, wiązały wstążki, szykowały wachlarze, przymierzały
kapelusze i poprawiały makijaże.
A wstążki i strusie pióra na kapeluszach – chociaż muzyka
nie zaczęła jeszcze grać – już tańczyły.
– La-la-la, la-la-la,
bal to nad bale,
la-la-la, la-la-la,
co będzie dalej?

Niektórzy panowie, zanim poszli w pląsy, poprzyklejali sobie wąsy.
Pufkowi chcieli założyć perukę, ale się nie udało. Peruka była
z loczkami, a Pufek nie przepadał za pudlami. Na zielony krawat
zgodził się bez protestu. Na okulary też. Pewnie dlatego, że wszyscy
mówili do niego:
– Panie profesorze... – i patrząc na fantazyjnie zawijany krawat,
dodawali – ...jak panu do twarzy w tym zielonym kolorze.

Z muzyką były pewne kłopoty. Solista grał, co prawda, na flecie „Wlazł kotek na płotek" – w kółko to grał, bo nic innego nie umiał, ale nikt go nie słuchał.

Królewna i Książę śpiewali w duecie na melodię krakowiaczka:

– Książę był bogaty, miał koników siedem,
do Śpiącej Królewny przywiózł go dziś jeden.
A inni balowicze...

Inni też śpiewali. I tańczyli, oczywiście. Śpiewali – każdy na inną nutę i tańczyli, jak kto chciał. Ale wszyscy bawili się znakomicie. Chociaż w tańcu myliły im się kończyny: prawa z lewą, lewa z prawą, noga z ręką, ręka z nogą, a czasami nawet dodatkowo – sufit mylił im się z podłogą – tupali rękami, klaskali nogami, oplatali Pufka serpentynami, chichotali i sami sobie bili brawo.

Na zakończenie balu Książę postanowił zagrać coś dla Królewny.
Na prawdziwym instrumencie. Jaki to był instrument – dokładnie
nie wiadomo. Klawikord? Klawesyn? W każdym razie były w nim
klawisze, tylko że nie grały.

Kiedy Książę usiadł, położył ręce na klawiszach i powiedział:

– Teraz cisza... – rzeczywiście zaległa cisza. Okazało się,
że instrument jest popsuty. A solista, grający przedtem na flecie,
chciał zagrać na gitarze. I też mu się nie udało, bo miała o jedną
strunę za mało.

Kiedy bal się skończył, Książę zawiózł Królewnę karetą do swojego
pałacu.
A może tej jazdy karetą też nie było? Może to się Martynce tylko
przyśniło? Może po zagraniu bajki o Królewnie, która przez sto lat
spała, a potem obudzona przez Księcia, tak długo balowała,
że znowu miała chęć na spanie, Martynka też zrobiła się śpiąca?

Ale chyba nie od razu położyła się do łóżka, bo pamięta, że po balu wszyscy artyści przebrali się w swoje codzienne ubrania i zapakowali teatralne kostiumy do kufra cioci Aldony.

I pamięta jeszcze kapelusz. Zielony kapelusz cioci Aldony, którego chyba nie schowała do kufra. A może ciocia Aldona też grała w tej bajce? Może zjawiła się w czasie przedstawienia i wystąpiła w roli Dobrej Wróżki? Bo Wróżka w „Śpiącej Królewnie" też chyba była...

i osiołek Wesołek

Osiołek ma na imię Wesołek.
Dziadek Julek tak go nazwał,
bo osiołek często ryczy:
– Yhyhihi! – i dziadek mówi,
że on się śmieje. Ale to wcale
nie jest wesoły śmiech, tylko taki
smutno-ponury. Zwłaszcza wtedy,
kiedy dziadek wchodzi na drabinę,
żeby zerwać jabłka z jabłonki.
Nie powinien tego robić, bo wszyscy
wiedzą, że ma zawroty głowy i mogą być
z tego kłopoty. Tata Martynki i Jasia tak mówi,
bo oni są sąsiadami dziadka. Ale dziadek jest tak
samo uparty jak jego osiołek.

No i stało się. Dziadek spadł z drabiny, złamał nogę i nie może chodzić.

– Ładny gips! – wzdycha, patrząc na gipsowy opatrunek. – I jak ja sobie teraz poradzę?

Jutro przyjedzie mój syn i zabierze mnie do siebie.

– Dom zamkniemy na klucz.

Ale co się stanie z osiołkiem?

Martynka i Jaś mają plan:
– Zaprowadzimy Wesołka do pana
Wacka, to niedaleko. Pan Wacek
ma gospodarstwo pod miastem.
Lubi zwierzęta i dzieci. Więc jeśli
dzieci poproszą, żeby zajął się
osiołkiem, na pewno się zgodzi.
Ale najpierw osiołek musi się
zgodzić na przeprowadzkę. Uff!
Ciężka sprawa! Choć dzieci robią,
co mogą, Wesołek najwyraźniej
nie ma ochoty na spotkanie
z panem Wackiem.

Zgodził się! Martynka go przekonała. Przyszła
z Wesołkiem do pana Wacka, a tu kolejna afera.
Pan Wacek powiedział:
– Chcesz, żebym zajął się osłem? Nie dość, że mam
na głowie krowy, owce, kozy, gęsi, kury, żonę, czworo
dzieci i kota, to mi jeszcze osła chcesz wpakować?
– Ale jego pan... – powiedziała bliska płaczu Martynka –
...jego pan złamał nogę, a my mieszkamy na drugim
piętrze i...
– I osioł tak wysoko mieszkać nie może – domyślił się
pan Wacek. – No cóż, skoro nie może, to niech mieszka
u mnie w oborze!

Pan Wacek dał miejsce w obórce, a Martynka i Jaś przyrzekli, że oni sami będą zajmować się osiołkiem. I tak było. Obydwoje codziennie zmieniali podściółkę, żeby Wesołek nie musiał stać na betonie, wynosili starą słomę, przynosili nową.

Karmili osiołka sianem, dawali mu marchewkę, pamiętali o wodzie do picia.
– Pij! – zachęcała Martynka.
– Pij! – wtórował jej, w swoim psim języku, Pufek.

Ale Wesołek nie mógł przyzwyczaić się do nowego miejsca. Tęsknił za dziadkiem, za domem i ogrodem. Tam wszystko było znajome, a tu – co chwila coś nowego. Na przykład koza. Przyszła z koźlętami i uparła się, że nauczy osiołka koziego języka.
– Powiedz: Meee! Meee! Meee! – powtarzała cierpliwie.
Próbował, ale za każdym razem wychodziło: – Yhyhihi!
Aż koza straciła cierpliwość, powiedziała, że w życiu nie miała takiego upartego ucznia i przestała się nim interesować.

– Pojedziemy na łąkę – powiedziała któregoś dnia Martynka.
Wsiadła na rower, osiołek szedł obok. I nagle usłyszał bardzo
głośne: – Bzzz!
Wielka nabzdyczona osa bzyczała Martynce koło nosa
i najwyraźniej miała złe zamiary.
– Jak ty: Bzzz!, to ja: Yhyhihi! – ryknął osiołek.
I bęc w osę ogonem! Na moment ją odgonił, ale wróciła.
Martynka zeskoczyła z roweru, a osa znów – bzzz! –
koło jej nosa. Więc osiołek – trzask! – kopytami. Tylnymi,
bo osły zawsze tak robią. I zamiast w osę, trafił w rower.

Rower – bęc! – na ziemię,
Martynka w krzyk, a osa dalej: – Bzzz!...
Dopiero pan Wacek ją przegonił. Przybiegł,
bo widział z daleka całe zdarzenie i zaniepokoił się,
czy Martynce nic się nie stało.
Na szczęście była cała i zdrowa. Trzymała wystraszonego osiołka
za szyję i zapewniała:
– On chciał tylko odgonić osę...
– I rozwalił rower – westchnął pan Wacek. –
Ale jeśli myślisz, że ci ten rower zreperuję,
to się głęboko mylisz!

Ale jednak zreperował. A Martynce i Jasiowi powiedział, żeby
zaprowadzili osiołka na łąkę. I wszystko byłoby dobrze, gdyby
nie Pufek. Miał siedzieć w mieszkaniu pana Wacka i czekać
na dzieci, ale nie wytrzymał. Wpadł na łąkę z wesołym: – Hau! hau! –
zupełnie jakby chciał po angielsku powiedzieć do osiołka:
– *How do you do?* Jak się masz? – i narobił tyle hałasu,
że wszystkich wystraszył.

Owce z bekiem rzuciły się do ucieczki, krowy poszły za nimi, Pufek szczekał, osiołek ryczał, a Martynka i Jaś krzyczeli:

– Stop! Stop! Zatrzymajcie się! Osiołek nic wam nie zrobi! Ale na wszelki wypadek przywiązali go do drzewa. Pufka zresztą też, tyle że z drugiej strony. Na szczęście tylko na chwilę. Dopóki owce i krowy się nie uspokoiły.

Następnego dnia osiołek wcale nie chciał wstać. Po niebie wędrowało
uśmiechnięte słońce, owce pasły się na łące, a on leżał i jęczał.
– Brzuszek cię boli, czy co? – zaniepokoiła się Martynka.
Ale osiołek zaczął tak smutno ryczeć swoje „Yhyhihi!",
że od razu zrozumiała i przełożyła sobie z oślego na polski.
– Rozumiem. Nic cię nie cieszy, bo nie masz się
z kim bawić, myślisz, że nikt cię nie lubi
i nie wiesz, co słychać u dziadka Julka...

I wyobraźcie sobie, że następnego dnia przyszedł do Martynki list
od dziadka Julka. Zaraz go wszystkim głośno przeczytała:
„Kochana Martynko! U syna jest mi dobrze, wszyscy o mnie dbają
i czuję się coraz lepiej. Mam nadzieję, że mój Wesołek nie sprawia
Ci kłopotu. Na razie całuję, a osiołka podrap ode mnie za uchem.
On to bardzo lubi".

Kiedy Martynka odczytała list, osiołek tak się wzruszył,
że zaśpiewał na cześć dziadka piękną oślą serenadę:
– Kocham dziadka Julka,
yhyhihihi,
i dziadek po nocach
ciągle mi się śni.
Dobra jest Martynka, Janek oraz pies,
ale dziadek Julek najwspanialszy jest!

Ci, którzy słyszeli serenadę, bardzo się wzruszyli.
Nawet koza pochwaliła osiołka:
– Chociaż nie znasz koziego, a jestem pewna, że w kozim
języku twoja serenada brzmiałaby jeszcze
piękniej, i tak wyszło nie najgorzej. W nagrodę
możesz się pobawić z moimi dziećmi.
A mały koziołek zawołał:
– Bawmy się! Bawmy! Będziemy kolegami!

– Bardzo się cieszę – powiedziała Martynka – że masz
już jednego kolegę. Na pewno będziesz miał ich wielu.
Przedstawię cię wszystkim zwierzakom, które tutaj
mieszkają. Tylko najpierw muszę cię uczesać,
wyszczotkować i nauczyć, jak trzeba się zachowywać
w towarzystwie. Może nawet jakiegoś tańca cię nauczę?
I będzie to oczywiście znacznie elegantszy taniec niż
taniec-kopaniec, który odtańczyłeś z osą...

Taniec był naprawdę elegancki. Nazywał się
„Taniec-Powitaniec, czyli Beczka Śmiechu",
bo Wesołek tańczył na beczce. Jaś grał na bębnie
zrobionym z kubła, a Martynka dyrygowała.
Wszystkim bardzo się podobało. Kogut piał
z zachwytu, kury biły brawo skrzydłami,
kurczaki czekały na bisy, a gęsi gęgały,
że osiołek jest: – Gęgęgę… gęnialny!

Podwórkowe przedstawienie podobało się też panu Wackowi. A jego czworgu dzieciakom – jeszcze bardziej. I wszyscy razem zdecydowali, że Wesołek powinien koniecznie takim samym „Tańcem-Powitańcem" przywitać dziadka Julka, kiedy dziadek wróci do swego domu.
– A może pojedziemy do niego? – zaproponował pan Wacek. –
Dla Martynki wyszykuję wózek, a reszta pojedzie na rowerach.

Wózek był wspaniały. Ciągnął go oczywiście osiołek, a oprócz
Martynki zmieściła się na nim jeszcze koza ze swoją córką.
Synek popędził przodem, bo założył się z Pufkiem, że będzie
pierwszy na meeecie. A za wózkiem jechała piątka kolarzy:
Jaś i czwórka dzieciaków pana Wacka. Trzech synów i córka.
Wszyscy pięknie wyglądali, ale najbardziej ze swojego
wyglądu dumny był Wesołek. Miał czerwoną uprząż
i naszyjnik ze złotych dzwoneczków.

– Dzyń, dzyń, dzyń – dzwoniły dzwoneczki – u nas wszystko gra,
dziadek już jest zdrów i dobrze się ma!

Co to było za powitanie! I jaka radość! Wszyscy cieszyli się, że dziadek Julek jest zdrów, że tak dobrze chodzi, choć podpiera się jeszcze laską. Dziadek cieszył się z odwiedzin osiołka. I był dumny z Martynki, że sobie tak dobrze ze wszystkim poradziła. Potem były występy, tańce – na czele z „Tańcem-Powitańcem" osiołka. I wszyscy, oczywiście, śpiewali piosenkę dzwoneczków:
– Dzyń, dzyń, dzyń, u nas wszystko gra,
dziadek już jest zdrów i dobrze się ma!

na biwaku

– Jedziemy na biwak, biwak, biwak,

a droga jest krzywa, krzywa, krzywa – podśpiewuje tata.

Zatrzymał auto i rozgląda się.

Na krzywej drodze nie ma żadnego znaku i nie wiadomo, którędy jechać.

– W prawo! – krzyczą Martynka i Jaś.

– Siadajcie i zapnijcie pasy! – denerwuje się mama.

– Dobrze, dobrze, zaraz zapniemy. Wiemy, że w czasie jazdy trzeba mieć zapięte pasy, ale przecież teraz samochód stoi – marudzą dzieciaki.

Znaleźli się w jakimś miasteczku.

– Teraz – mówi tata – trzeba się zapytać, jak dojechać nad rzekę.

– Nie pamiętasz? – dziwi się mama. – Przecież mówiłeś, że byłeś tutaj.

– Ale to było dawno temu. Wszystko się tak pozmieniało. Pamiętam, że po drodze był wiatrak, a teraz go nie ma…

– Może rzeki też już nie ma? – zmartwiły się dzieci.

– Jest – pocieszył ich pan z fajką i koszem. – Trzeba skręcić w lewo, minąć duże drzewo i…

I jest rzeka! A nad nią zielona łąka. Wspaniałe miejsce na biwak!
Na rzece jest drewniany most, po drugiej stronie stoi wiejski domek.
– Może mają krowy? Może będzie można kupić u nich mleko? –
zastanawia się mama.
– Najpierw trzeba wypakować rzeczy z samochodu – dyryguje tata.
– I postawić namiot – przypomina Martynka.
– Namiotu się nie stawia, tylko rozbija. Nie wiesz, że namioty się
rozbija? – poucza siostrę Jaś.

– Najpierw trzeba wbić śledzie, czyli metalowe kołki
do przymocowywania linek – mruczy Martynka.
Pierwszy raz jest na biwaku i uczy się nowych słów.
Tata z mamą zmontowali stelaż z metalowych prętów
i naciągnęli na niego namiotową płachtę. Dzieci im
pomogły i gotowe!
Nie wiadomo skąd przybiegły dwie dziewczynki.
– Ale macie fajny domek!

Dziewczynki mieszkają za rzeką, u babci. Przyjechały do niej
na kilka dni. Przedstawiły się – jedna ma na imię Kasia,
a druga Asia. Nie tylko namiot im się podoba.
Dmuchane materace też.
Ale najbardziej spodobał im się Pufek.
– Nie macie psa?
– Nie. W domu mamy kota, a u babci jest tylko kogut, kury,
mały cielaczek i oswojony jeż.

– Na razie posłuchamy radia. Lubicie zespół „Wycie na Płycie"?
Oni mają bardzo fajne piosenki – zachwala Jaś i podśpiewuje:
 – Łubu-dubu płyta, łubu-dubu zgrzyta! Łubu-dubu, łubu-dubu, bęc!
Ale dziewczynkom nie podoba się piosenka.
– Może się w coś pobawimy? – proponują.
– W co?
– W berka albo w chowanego…

Był berek, chowany, stanie na głowie i fikołki-koziołki. Pufek szczekał, cielaczek meczał. Bo cielaczek przybiegł na łąkę w ślad za dziewczynkami.

– Chodzi za nami jak piesek. Nie ma mamy i dlatego się nim zajmujemy. Babcia codziennie przynosi dla niego mleko od sąsiadów, którzy mają krowy, i my go tym mlekiem karmimy – wyjaśniają jedna przez drugą Kasia i Asia.

– Musimy iść, bo pewnie jest głodny.

Kiedy dziewczynki poszły, Martynka wybrała się z Pufkiem
na spacer. Piesek chciał koniecznie upolować jakiegoś motyla,
ale motyle nic sobie z niego nie robiły – fruwały mu nad głową,
trzepocząc w powietrzu skrzydełkami.

Pora na kolację. Jaś poszedł po wodę. Tata podgrzewa gulasz
na turystycznej kuchence. Martynka z mamą rozkładają obrus
na trawie.
I każdy powtarza co chwila:
– Nie macie pojęcia, jaki jestem głodny!

Kiedy mama zawołała: – Prosimy do stołu! –
tata roześmiał się:
– Nasz stół jest najniższym stołem na świecie.
W ogóle nie ma nóg. Nie stoi, tylko leży.
– Za to Pufek ma nogi – zauważyła mama. –
Wlazł na stół i wcale nie zamierza spokojnie leżeć.
W tej chwili go stąd zabierzcie!
– Ćwir, ćwir! – rozćwierkały się ptaszki
na drzewie. – Bardzo dobrze, że zabiorą stąd
tego czworonoga, bo ma taką minę, jakby
nas chciał zjeść.

Po kolacji było jeszcze pływanie łódką po rzece i wędkowanie.
Jaś przechwalał się, że złowi taaaką rybę.
– Metrową! – zapewniał.
Nawet milimetrowej nie złowił. Ale i tak było świetnie.

Następnego dnia rano obudziło wszystkich głośne:
– Kukuryku!
Kogut stał na dachu samochodu i darł się na całe gardło.
– Ale sobie znalazł grzędę! – śmiała się z namiotu mama.
– A sio, ty rozbójniku! – krzyknął tata. – Zmiataj stąd,
bo mi lakier porysujesz!
– Meee – zameczało pod namiotem cielątko.
– Pewnie głodne. Trzeba je czym prędzej odprowadzić
do babci Kasi i Asi!

– Pufek, a ty dokąd?

– Tato, złap Pufka, bo pobiegł za królikiem! – wołają Martynka i Jaś. – Idziemy do Kasi i Asi. Nie możemy go zabrać, bo na pewno będzie rozrabiał. Tam są kury i oswojony jeż!

Jeż jest śliczny. Przydreptał do Martynki i wyraźnie ma ochotę
na mleko, które kupiła u gospodarzy.
– Będzie mleko na śniadanie,
jeż kropelkę też dostanie – uśmiecha się Martynka. – Tylko w co
ci naleję, jak nie masz spodeczka ani talerza?
Na szczęście jest pokrywka. Z wierzchu wypukła, od spodu
wklęsła. Jeż wypił z tej wklęsłej strony i był bardzo zadowolony.

Po śniadaniu Martynka i Jaś poszli nad rzekę. Wybrała się też
z nimi Kasia. Jaś wykąpał się, Martynka zrobiła małe pranie,
a Pufek skoczył do wody i wszystkich ochlapał. Dobrze, że Kasia
miała ze sobą ręcznik.

A potem, kiedy namiot był już zwinięty, wszystkie rzeczy zapakowane
i przyszedł czas na powrót do domu, Pufek urządził sobie zabawę
w Dziki Zachód. Ni stąd, ni zowąd zaczął warczeć i szczekać
na cielaka. Gonił go po całej łące. Dla Pufka to była świetna zabawa,
ale cielaczek przestraszył się nie na żarty. Przerażony pędził
przed siebie na oślep.

– Łapcie go! – krzyczała Kasia. – Jeszcze coś mu się stanie!
Jaś pobiegł do samochodu po linkę.

– Spróbuję go złapać na lasso! Widziałem, jak to robią kowboje!

l chociaż dziewczynki nie wierzyły, że się uda – udało się!
– Brawo, kowboju! – gratulowały Jasiowi.
Cielaczkowi nic się nie stało. Kasia zaprowadziła go do zagrody
na podwórku u babci, a Pufek został uwiązany na smyczy.
I musiał wysłuchać bardzo długiego kazania…

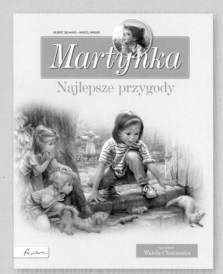

GILBERT DELAHAYE • MARCEL MARLIER

Martynka
Najlepsze przygody

Papilon

GILBERT DELAHAYE • MARCEL MARLIER

Martynka
w krainie baśni

opowiada
Wanda Chotomska

Papilon

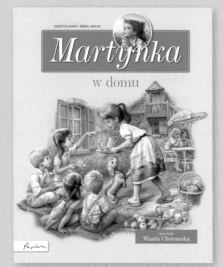

GILBERT DELAHAYE • MARCEL MARLIER

Martynka
w domu

opowiada
Wanda Chotomska

Papilon

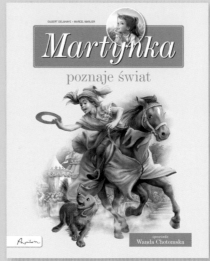

GILBERT DELAHAYE • MARCEL MARLIER

Martynka
poznaje świat

opowiada
Wanda Chotomska

Papilon

GILBERT DELAHAYE • MARCEL MARLIER

Martynka
Wielka księga przygód

opowiada
Wanda Chotomska

Papilon

GILBERT DELAHAYE • MARCEL MARLIER

Martynka
i jej świat

opowiada
Wanda Chotomska

Papilon

Spis treści